NOTICE

HISTORIQUE ET PHYSIOLOGIQUE

SUR LE SUPPLICE

DE

LA GUILLOTINE,

EXTRAITE DES *ARCHIVES CURIEUSES*.

PARIS,

CHEZ L'ÉDITEUR, RUE SAINTONGE, Nº 19,

AU MARAIS.

1830.

Les Archives curieuses, d'où cette Notice est tirée, paraissent par cahiers, à peu près de mois en mois. Le prix n'est que d'un franc chaque cahier. On s'y abonne rue Saintonge, n. 19, au Marais.

PARIS. — IMPRIMERIE DE AUGUSTE MIE,
Rue Joquelet, n° 9, Place de la Bourse.

NOTICE

SUR LA GUILLOTINE.

En 1810, je traversais un jour la rue St.-Roch, en accom-
pagnant le vénérable B......, alors un des premiers avocats
de Paris. Devant nous, venait un vieillard, vêtu de noir, et
que M. B. salua affectueusement quand il passa près de lui.
« Ce vieillard, c'est M. Guillotin, me dit M. B.; c'est de lui
que la guillotine a pris son nom. »

Alors, on était encore tout palpitant des lugubres souvenirs
de la révolution, les plaies n'en étaient point encore cicatrisées,
et moi qui, bien jeune cependant, avais vu ses ruines san-
glantes, le deuil par elle répandu de toutes parts ; moi qui
avais été bien plus frappé de ses meurtres et de ses forfaits
que du bien qu'elle avait aussi produit, je ne pus m'empêcher
d'éprouver un sentiment douloureux contre cet homme qui,
par l'invention d'un supplice prompt et facile, avait peut-
être contribué à augmenter le nombre des victimes immo-
lées aux fureurs révolutionnaires. Je ne pouvais croire que
l'inventeur de la guillotine fût un homme bon et sensible,
et je m'étonnais de lui avoir vu une figure vénérable et
belle.

« Mon ami, me dit M. B. en voyant l'impression que
m'avait causée M. Guillotin, vous ignorez quelques particu-
larités qui vous donneraient une autre opinion de cet homme
aussi vertueux que savant, et qui ne mérite pas de faire naître
une pareille émotion. Ecoutez ce que je vais vous apprendre:
j'en tiens une partie de M. Guillotin lui-même.

« Avant la révolution, dit M. B., le docteur Guillotin avait obtenu quelques succès dans l'art de guérir. Cependant la pratique de cet art ne l'empêchait pas de se mêler aux discussions politiques ; il était un de ceux qui, à la vue d'un gouvernement dont tous les ressorts étaient frappés de vétusté, prévoyaient un prochain ébranlement, une dislocation générale. Lorsqu'il fut question de la convocation des états-généraux, il fit paraître une brochure intitulée, je crois, *Pétition des citoyens domiciliés dans Paris ;* c'est le premier écrit qui eut de l'importance dans la Révolution. L'auteur y développait des vues dictées par un véritable patriotisme, mais dont la hardiesse effraya le parlement, qui l'appela à sa barre pour y rendre compte de ses opinions. Cette petite persécution, au moment où déjà existait dans le peuple un levain de fermentation, firent de Guillotin le héros du jour, et il fut appelé aux élections de Paris pour les états-généraux. Il y fut nommé député. Nul plus que lui ne sentit l'importance de la magistrature qu'il allait exercer : il eut à cœur de s'occuper du bien public, et souvent, dans son cabinet, il cherchait les améliorations qu'il devait demander pour rendre le sort du peuple plus heureux.

« Guillotin avait été frappé de la cruauté des exécutions telles qu'elles avaient lieu dans ce temps-là.

« C'était en effet un spectacle affreux que celui où l'on voyait un malheureux, affaissé par l'idée du supplice long et cruel qu'il allait subir, traîné au bas d'une charrette, gravissant lentement et avec peine l'échelle fatale ! l'effroi qu'imprimait sa chute et son étranglement : l'exécuteur montant et dansant sur les poignets ligaturés du criminel, exerçant pendant plusieurs minutes les plus grands efforts pour lui luxer les vertèbres cervicales, et atteindre ainsi le terme des jours du patient, qui se débattait violemment. Et, après cet exercice déchirant, la multitude avait, pendant deux heures, sous les yeux le cadavre mutilé, dont la face livide et la bouche ouverte allongeait une langue énorme et noire, et qui laissait pendre honteusement une tête devenue hideuse?

. « M. Guillotin, révolté de ces spectacles qui, pour être horribles, n'en étaient pas moins fréquens, chercha quels supplices convenaient le mieux chez un peuple dont les mœurs étaient douces Il voulait que la peine de mort fût exempte des souffrances et même du lugubre appareil. Il se mit à faire des recherches sur la manière dont les exécutions à mort avaient lieu chez les différens peuples. Après avoir feuilleté bien des livres, il fut frappé de la description d'une machine qui servit à décapiter, à Milan, en 1702, le comte Bozelli, colonel au service de France, convaincu de plusieurs crimes. Il trouva cette description dans le *Voyage historique et politique de Suisse, d'Italie et d'Allemagne*, publié à Francfort, sans nom d'auteur, de 1736 jusqu'en 1743. Voici ce qu'on lit à la page 185 du premier volume de cet ouvrage (1) :

« On dressa sur la grande place un échafaud qu'on couvrit de noir. On plaça au milieu un gros billot de la hauteur juste qu'il fallait pour que le criminel, à genoux, pût mettre sa tête entre une espèce de potence, qui soutenait une hache d'un pied de haut et d'un et demi de large, enchâssée dans une mortaise. Il y avait sur la hache plus de cent livres de plomb, et elle était suspendue par une corde attachée à la potence. Après la confession, les pénitens, qui sont la plupart des nobles, le conduisirent sur l'échafaud, et l'ayant fait mettre à genoux devant le billot, la tête sous la hache, l'un des pénitens la tint de l'autre côté avec les deux mains : un prêtre fit ensuite réciter les prières usitées en pareille occasion, et pendant ce temps-là, le bourreau ne fit que couper la corde qui tenait la hache suspendue. Cet instru-

---

(1) C'est sans doute de cet ouvrage, et non du voyage du Père Labat, que veut parler l'auteur de l'article Guillotin dans le dictionnaire historique de Michaud, car je n'ai rien trouvé dans ce dernier voyage qui ait quelque rapport à ce supplice.

ment meurtrier, en tombant, sépara la tête, que le pénitent.
tint dans ses mains : le bourreau ne la toucha point. Cette
manière d'exécuter est si sûre, que la hache entra plus de
deux pouces dans le bois (1). »

«Guillotin pensa que cet instrument de supplice.atteindrait
le but qu'il se proposait. Le 10 octobre 1789, il fit, en conséquence, lecture à l'assemblée nationale d'un projet en
quelques articles, portant que les mêmes peines seraient
infligées aux coupables ; que le plus grand supplice serait
d'avoir la tête tranchée ; enfin, que le préjugé d'infamie qui
rejaillissait sur toute la famille d'un condamné n'existerait
plus. Sa proposition n'eut pas alors tout le succès qu'il désirait : un ajournement fut prononcé.

«Le 27 décembre suivant, Guillotin reproduisit sa proposition. Une partie de l'assemblée demanda encore l'ajournement. La Rochefoucault-Liancourt, dans les mêmes vues
d'humanité que Guillotin, fit observer qu'un grand nombre
de condamnés étaient près de subir l'arrêt de mort ; qu'on
devait désirer les soustraire à la barbarie d'un supplice qu'il
était temps d'abolir. Il insista aussi sur la nécessité de tâcher
d'extirper le préjugé dont avait parlé M. Guillotin, au
sujet des familles des suppliciés. Ce qu'il y a de curieux,
c'est que, dans la même séance, le comte de Clermont-
Tonnerre profita de l'occasion pour appeler l'atten-
tion de l'assemblée sur deux professions qu'il demandait à
faire jouir des droits d'éligibilité pour les assemblées natio-
nales : c'était les comédiens.... et les exécuteurs des hautes-
œuvres. Étrange rapprochement de deux professions bien
différentes !

«Enfin, on décréta la loi que désirait Guillotin. La décapi-

---

(1) On m'a assuré que dans une pièce représentée, avant la révolution,
au théâtre d'Audinot, sous le titre des *Quatre Fils Aymon*, on vit une
guillotine sur le théâtre. Je ne puis, au reste, garantir ce fait, qui semble
peu croyable.

tation fut prononcée. Mais on hésita d'abord sur la manière dont le supplice s'exécuterait. On hésitait à adopter la machine que proposait Guillotin. Le secrétaire de l'académie de chirurgie (c'était alors M. Louis) fut consulté sur cette machine; on en fit construire un modèle. Le couteau était d'abord en croissant; mais, d'après les idées de Louis, on y donna une disposition oblique, comme devant produire une section plus facile et plus prompte. L'administration des hôpitaux reçut l'ordre de faire essayer l'instrument sur un certain nombre de cadavres. Cet essai fut fait à Bicêtre. Le poids seul du couteau, sans le mouton de trente livres qu'on y adapta, tranchait les têtes avec la vitesse du regard.

« Tous les rapports ayant été favorables à cet instrument, il fut adopté le 3 juin 1791. Il est à remarquer que d'abord on ne lui donna pas le nom de *guillotine*; on l'appelait la *Louise*, ou la *Louison*, d'après le nom de M. Louis, qui avait présidé aux essais et y avait fait faire différens changemens. Les deux aînés des trois frères Agasse, propriétaires du *Moniteur*, furent les derniers qui subirent le supplice de la corde, par suite de leur condamnation pour fabrication de faux effets publics. On s'attacha à ce que M. Agasse le jeune éprouvât l'effet de l'article de la loi qui voulait que la honte ne rejaillît pas sur toute la famille d'un coupable. Il conserva la propriété du *Moniteur*, dont sa veuve jouit encore aujourd'hui.

« Le premier homme vivant que la guillotine frappa fut un nommé Liéutaud, qui avait contrefait des billets de banque. Hélas! si elle débuta par frapper le crime, bientôt elle fit couler le sang le plus pur. En août 1792, des hommes recommandables, accusés d'avoir conspiré contre la république, furent traduits devant le tribunal révolutionnaire, et jugés dignes de succéder, sur l'échafaud, au faux-monnayeur Liéutaud !

« Les Parisiens accouraient en foule pour voir le jeu de cette machine terrible, qui faisait passer si subitement de la vie à la mort, et qui continuait à s'exercer sur d'innocentes victimes ; loin d'inspirer de l'horreur à ce peuple léger, elle devint, par une atroce extravagance, un objet de mode et d'agrément. L'image de la guillotine se multipliait à l'envi. On l'imita dans des bonbons, dans des jouets, et jusque dans les bijoux : des femmes ont osé se la mettre au cou en guise de croix !

« Alors, le préjugé cessa réellement de s'attacher à la profession de bourreau, laquelle, sous le *nom de guillotineur*, était devenue très honorable. En novembre 1793, Laignelot et Lequinio, représentans envoyés à Rochefort, écrivaient à la Convention nationale « qu'ils avaient établi un tribunal révolutionnaire dans cette ville ; qu'ils en avaient nommé tous les membres, excepté le *guillotineur*, qu'ils voulurent laisser aux patriotes la *gloire* de nommer eux-mêmes ; qu'en exprimant ce vœu à la société populaire de cette ville, un citoyen Ance s'était aussitôt offert, ainsi que d'autres. » — « Nous avons, ajoutent ces dignes fonctionnaires, proclamé le patriote Ance guillotineur, et nous l'avons invité à venir, en dînant avec nous, prendre ses pouvoirs par écrit, et les arroser d'une libation en l'honneur de la république. »

« Le docteur Guillotin voyait donner son nom à l'instrument qu'il n'avait proposé que par un louable sentiment d'humanité ; il recevait, de la part des hommes les plus sanguinaires, d'atroces félicitations sur l'invention d'une machine qui permettait d'expédier, chacune, plus de soixante victimes par heure (1). Il souffrait de ces funestes résultats, bientôt même il s'attendit à être lui-même l'une des nombreuses victimes que cet affreux instrument immolait de toutes parts, et d'autant plus, qu'un jour Danton étant venu le trouver pour le consulter sur le dessin d'une guillotine à trois tranchans, qu'il voulait établir pour aller plus vite, Guillotin ne put

____

(1) On en a expédié jusqu'à 33 en 22 minutes.

réprimer l'élan de son indignation (1). Il fut arrêté, et ne recouvra sa liberté que par suite de la révolution du 9 thermidor an II.

« De toutes parts, de toutes manières, M. Guillotin fut abreuvé de chagrins pour sa funeste invention. On alla même jusqu'à prétendre que la décapitation par la guillotine produisait la plus cruelle douleur au patient, même après que sa tête était tranchée. Cette opinion s'accrédita; elle donna lieu à une controverse assez vive; Sœmmering et Sue, que l'on a toujours regardés comme de grands physiologistes, ont persisté à regarder ce supplice comme un des plus douloureux. »

M. B. ne fit que m'indiquer cette divergence d'opinions. Mais les recherches que j'ai faites à ce sujet me permettent d'en donner ici un résumé qui ne sera pas sans intérêt, d'autant plus que parmi les physiologistes que j'ai consultés sur cette question, il en est qui n'osent affirmer que Sœmmering n'aurait pas raison jusqu'à un certain point.

On tirait d'abord quelques inductions des phénomènes analogues qui se remarquaient chez les animaux. Galien a noté le fait des autruches à qui l'empereur Commode coupait la tête dans le Cirque, et qui n'en continuaient pas moins leur course. Depuis, Bacon, Perrault, Charas, Caldési, et plusieurs autres, ont recueilli une grande quantité d'observations parfaitement semblables. Boërhaave a coupé le cou d'un coq, dans le moment où l'animal s'élançait vers du grain qui lui était présenté à plus de vingt pas de distance, et le tronc continua son élan jusqu'à l'endroit où était le grain. N'avons-nous pas vu, dans les cuisines et dans les boucheries, les chairs, surtout celles des jeunes animaux, et plus encore celles des animaux à sang froid, palpiter long-temps après la mort? Sœmmering a peu insisté sur ces faits, parce que,

______

(1) Cette triple guillotine n'a jamais servi, mais le modèle en a été fait.

suivant sa manière de voir, l'ame n'existe et ne doit souffrir que dans la tête; et cependant, s'il est vrai que les mouvemens réguliers prouvent *sensation*, et les mouvemens convulsifs *douleur*, la sensation et la douleur doivent nécessairement se trouver dans toutes les portions du corps morcelé qui palpitent.

Sœmmering s'attache à démontrer qu'après la décolation de la tête, dans l'homme, les affections de la sensibilité continuent encore; que, dans la tête séparée du corps, le *sentiment*, la *personnalité*, le *moi* reste vivant pendant quelque temps, et ressent l'*arrière-douleur* dont le cou est affecté. Et voici comment il développe cette idée.

1° L'expérience atteste que, lorsque le cerveau reste intact, il n'est pas de membre, de viscère, d'organe, qui ne puisse être détruit sans que ni le sentiment, ni la faculté de penser, ni la volonté, ni la mémoire en souffrent. La moelle épinière même pourra être blessée, ou dans un état de compression, sans que l'entendement et la faculté de sentir en soient détruits.

2° Il y a des vices ou des maladies de cerveau, qui lui font perdre la faculté de sentir, d'apercevoir, et qui nuisent à la faculté de penser. La pression d'une goutte de sang, ou d'un fragment d'os, anéantit souvent à l'instant même la faculté de sentir et d'apercevoir.

3° Aussitôt qu'on fait disparaître le mal dont le cerveau est ainsi affecté, qu'on lève la pression, qu'on ôte l'os, le sentiment et la faculté de penser se rétablissent tout de suite, à moins que le cerveau n'en ait été essentiellement détérioré.

4° Il arrive souvent qu'un doigt malade oblige d'amputer la main, et celui qui a subi l'opération se plaint des douleurs qu'il croit ressentir dans le doigt qui n'existe plus.

Si donc le principe *que le siège de la faculté de sentir est dans le cerveau* ne peut être contesté, voici la conséquence qui en résulte.

Aussi long-temps que le cerveau conserve sa force vitale, le supplicié a le sentiment de son existence.

Des phénomènes frappans, remarqués par un grand nombre d'observateurs dignes de foi, prouvent *que la tête conserve sa force vitale long-temps après être séparée du corps.*

Sœmmering s'appuie des autorités suivantes :

Haller dit (*Elementorum Physiologiæ, tome 4, pag.* 35) « qu'il a vu la tête coupée d'un homme lancer des regards affreux, lorsque son doigt touchait à la moelle épinière qui était restée à cette tête. »

Weicard, célèbre médecin d'Allemagne, a vu se mouvoir les lèvres d'un homme dont la tête était abattue. (*Philosophische artz, 1790, pag.* 221.) Leveling a souvent, sur les lieux de supplice, fait l'expérience d'irriter la partie de la moelle épinière qui était restée à la tête, et il assure que les convulsions de la tête ont été horribles. Voyez *Hallers grundriss der physiologie,* publiée par *Leveling.* 1795, p. 330.

D'autres ont assuré avoir vu grincer les dents, après que la tête était séparée du corps ; et je suis convaincu, dit Sœmmering, que si l'air circulait encore régulièrement par les organes de la voix, qui n'auraient pas été détruits, ces *têtes parleraient.*

Ce qu'il y a de sûr, c'est que des hommes à qui le cou n'avait été coupé qu'à demi, *ont crié* (1).

Si donc, dans la tête de l'homme, ainsi séparée, le cerveau est resté pendant quelque temps actif et à un si haut degré, qu'il ait pu mouvoir les muscles du visage, on ne

____

(1) On prétend qu'un soufflet appliqué par le bourreau sur la tête coupée de Charlotte Corday, en colora les joues d'une vive rougeur. On peut affirmer que ce fait est faux.

peut plus douter qu'il n'ait aussi conservé, pendant ce même intervalle, le sentiment et la faculté d'apercevoir; mais la durée de cet état ne peut pas encore être fixée exactement.

A en juger d'après les expériences faites sur des membres amputés d'hommes vivans, et sur lesquels on a essayé le moyen d'irritation de *Galvani*, il est vraisemblable que la sensibilité peut durer *un quart d'heure*, vu que la tête, à cause de son épaisseur et de sa forme ronde, ne perd pas sitôt sa chaleur.

On sait que très souvent la faculté de produire du mouvement a déjà cessé, que la faculté de sentir subsiste encore. Ceux qui s'observent eux-mêmes, se sont trouvés quelquefois dans un état où la force de mouvoir les muscles leur manquait, pendant que les sensations qui leur parvenaient par les organes restaient les mêmes. Le froid, par exemple, gèle les doigts au point de les rendre incapables ou au moins inhabiles à écrire, quoiqu'il leur reste du sentiment. Les mourans voient et entendent long-temps après avoir perdu la faculté de mouvoir les muscles. On a même des exemples que des personnes jugées mortes ont entendu et aperçu tout ce qu'on faisait autour d'elles, sans qu'elles aient eu la force de mouvoir aucune partie de leur corps.

Une autre considération, c'est que la guillotine frappe à l'endroit de notre corps qui est le plus sensible, à cause des nerfs qui y sont répandus et réunis. Le cou renferme tous les nerfs des membres supérieurs, les branches de tous les nerfs des viscères (le *sympathique*, le *vagus*, le *phremius*), et enfin la moelle épinière, qui est la source même des nerfs qui appartiennent aux membres inférieurs; par conséquent, la douleur de la séparation est selon la manière dont agit la guillotine (car il ne faut pas s'imaginer que cet instrument coupe, cela est impossible, à cause de la colonne vertébrale osseuse): on peut dire que la douleur du *brisement* ou de *l'écrasement* du cou doit être la plus violente, la plus sensible, la plus déchirante qu'il soit possible d'éprouver. En effet, il faut connaître ces nerfs, il faut les avoir vus dans la nature pour se faire une idée de la violence de ces douleurs. Et si elles ne continuent même que pendant quelques secondes, ce qui n'est pas du tout probable, il restera toujours la question de savoir *si la courte durée peut compenser l'intensité horrible de la souffrance.*

Sœmmering termine en se demandant quel supplice il faut préférer à la guillotine, et il vote pour la pendaison, dont il fait l'éloge suivant :

« Tous ceux qui ont été pendus, mais qui sont revenus à la vie, et j'en ai connu plusieurs, disent qu'on peut se figurer le sentiment que fait éprouver ce genre de mort, comme un doux sommeil. Dans le moment de l'étranglement, le sommeil mortel s'était emparé d'eux sans douleur particulière, sans le sentiment d'une angoisse quelconque, et ils en sont sortis comme d'une faiblesse délicieuse.

« L'homme à qui l'on comprime le cerveau avec le doigt, ajoute notre physiologiste, à un endroit où un morceau du crâne manque par la suite de quelque blessure, *s'endort sous la main.* Le même phénomène arrive quand le cerveau est comprimé par un amoncellement de sang. Dans un pendu, le sang s'amoncelle : 1° parce qu'il y entre par les artères vertébrales qui, traversant les canaux osseux des vertèbres du cou, ne peuvent pas être comprimées ; 2° parce que, tendant à refluer par les veines du cou, il se trouve arrêté par le lien qui noue le cou et les veines ; par conséquent il comprime le cerveau, et produit, en peu de secondes, un sommeil qui bientôt après se change en anéantissement, en véritable mort, car il est prouvé que la faculté d'apercevoir ou la conscience des sentimens cesse dans le simple sommeil. Les convulsions qui dans ces cas ont quelquefois lieu, mais n'existent pas toujours, ne sont pas la preuve d'une angoisse ou de quelque autre douleur. »

D'un autre côté, OElsner et le docteur Sue ont corroboré le raisonnement de Sœmmering. Sue s'attacha principalement

à prouver que la sensibilité peut exister dans un organe in-
dépendamment de toute communication avec les grands
centres nerveux; qu'elle est disséminée et s'exerce partout;
que le plus léger mouvement vital en suppose la présence
dans la partie par laquelle il est exécuté, et que, par conséquent, la cause de la douleur peut agir avec force sur les
membres séparés du corps, et sur les lambeaux séparés des
membres tant qu'ils conservent la faculté de se mouvoir; il
pense que la hache ou faux qui sépare la tête du cou n'a-
gissant qu'en raison du poids qui la précipite sur le cou, un
poids qui détermine une action aussi prompte, dans un des
points du corps où les parties sont très variées par leur
structure et leur sensibilité, doit produire sur-le-champ une
co-relation de douleur qui devient d'autant plus plus forte
qu'elle opère à la fois et en sens contraire un effet subit sur
les deux régulateurs les plus puissans de la vie : 1° sur le
cerveau, premier régulateur, par l'accessoire de Willis,
ou le nerf spinal, le phocus cervical, par plusieurs paires
cervicales, par la moelle de l'épine, les grands sympathiques,
la huitième paire, les nerfs diaphragmatiques, etc.; 2° sur
le cœur, second régulateur, par une partie des mêmes nerfs,
par les artères carotides, les artères cervicales, vertébrales,
et les veines jugulaires internes et externes.

Les réfutations n'ont pas manqué à ces opinions, qui firent
d'abord quelque sensation.

On a répondu, relativement aux mouvemens remarqués
dans les animaux, et aux convulsions dans les têtes humaines
qui venaient d'être coupées, qu'un organe peut être insen-
sible et cependant se mouvoir; que, dans les maladies con-
vulsives, dans celles même où il n'y a pas la moindre lésion
de la sensibilité, souvent on voit un membre, ou tout le
corps, éprouver l'agitation la plus violente, sans que le malade reçoive la plus légère sensation qui s'y rapporte; que
ces maladies privent souvent, par intervalles, de toute connaissance, et c'est d'ordinaire dans ce cas que les convulsions

sont les plus affreuses ; mais qu'on peut alors pincer, piquer, cautériser le malade, sans qu'il donne aucun signe de sensibilité, et sans qu'il se souvienne de rien lorsqu'il revient à lui, se reportant au moment où il a perdu connaissance, pour renouer le fil de ses sensations. Enfin, que, dans les expériences anatomiques faites sur les animaux vivans, si l'on suspend la correspondance d'une partie avec le tout, en la coupant, ou faisant des ligatures aux nerfs qui s'y rendent, l'animal cesse d'avoir aucun sentiment de ce qui s'y passe, et qu'on peut le torturer de toutes les manières, sans qu'il en éprouve aucune impression, quoique cependant cette partie reste souvent capable d'exécuter beaucoup de mouvemens.

Plusieurs conditions sont indispensables à l'exercice de la sensibilité, ajoutait-on : il lui faut des nerfs, des nerfs intacts et dont rien n'interrompe la communication avec le cerveau ; il faut que le cerveau soit sain, non blessé, non privé de sang ; de plus, que du sang artériel baigne librement la partie sensible, et que le sang veineux puisse s'en écouler sans obstacle. Enfin, le cerveau ne peut vivre isolé de la moelle allongée et de la moelle épinière ; il ne peut vivre lorsqu'il ne reçoit plus le sang lancé par le cœur ; c'est ce que prouve la ligature simultanée des artères carotides et vertébrales pratiquée sur un être vivant. A peine, en effet, ces artères sont-elles liées, que l'animal tombe et expire au bout de quelques secondes. Mais combien la mort doit-elle être plus prompte après la décolation complète ! Vouloir que le cerveau isolé ait des sensations, des idées, c'est prétendre qu'un œil hors de la tête aperçoit les couleurs, qu'une langue coupée ou arrachée juge des saveurs.

Il faudrait donc admettre qu'un homme guillotiné ne souffre ni dans la tête ni dans le corps ; que sa mort est rapide comme le coup qui le frappe, et que si l'on remarque dans les muscles des bras, des jambes et de la face, certains mouvemens, ou réguliers ou convulsifs, ils ne prouvent ni douleur ni sensibilité; ils dépendent seulement d'un reste de faculté vitale, que la mort de l'individu, la destruction du *moi*, n'anéantit pas sur-le-champ dans ces muscles et dans leurs nerfs.

Le docteur Cabanis, un des principaux partisans de cette opinion, ne peut s'empêcher, cependant, de reconnaître que l'on n'a, à cet égard, qu'une certitude d'analogie et de raisonnement, et non point une certitude d'expérience. L'expérience ici n'est pas du moins directe : entre la décapitation et la pendaison, l'asphyxie, ou l'emploi de certaines plantes stupéfiantes, il y a sous ce rapport une différence qu'on ne peut nier, et qui est en faveur de ces derniers génres de mort. Beaucoup de personnes empoisonnées avec des narcotiques, asphyxiées, ou pendues, et qui ont été rappelées à la vie, se sont accordées à dire qu'on n'éprouve, dans ces cas, aucune douleur; quelques unes ont même prétendu avoir éprouvé des sensations agréables.

En terminant cette notice, nous joindrons nos vœux à ceux des amis de l'humanité qui ont jugé la peine de mort un crime social, et qui en ont demandé l'abolition. Au lieu de voir la justice, menaçante, armée de ce glaive terrible qui, par de funestes erreurs, n'a que trop de fois tombé sur l'innocent, que j'aimerais à la voir imiter une mère tendre et sage, qui punit l'enfant coupable, mais qui ne l'égorge pas !

D. F.

www.ingramcontent.com/pod-product-compliance
Lightning Source LLC
Chambersburg PA
CBHW051328050726
47595CB00008B/3763